国家出版基金项目
NATIONAL PUBLICATION FOUNDATION

中國鹽政小史

歐宗祐◎著

山西出版傳媒集團
山西人民出版社

圖書在版編目(CIP)數據

中國鹽政小史 / 歐宗祐著. —太原: 山西人民出版社, 2014.12(2024.2重印)
(近代名家散佚學術著作叢刊 / 許嘉璐主編)
ISBN 978-7-203-08805-9

Ⅰ. ①中… Ⅱ. ①歐… Ⅲ. ①鹽業史—研究—中國
Ⅳ. ①F426.82

中國版本圖書館CIP數據核字(2014)第234721號

中國鹽政小史

主　　編　許嘉璐
著　　者　歐宗祐
責任編輯　梁晉華
助理編輯　張　潔

出 版 者　山西出版傳媒集團·山西人民出版社
地　　址　太原市建設南路21號
郵　　編　030012
發行營銷　0351-4922220　4955996　4956039　4922127(傳真)
天貓官網　https://sxrmcbs.tmall.com　電話　0351-4922159
E-mail　sxskcb@163.com　發行部
　　　　sxskcb@126.com　總編室
網　　址　www.sxskcb.com

經 銷 者　山西出版傳媒集團·山西人民出版社
承 印 廠　山西出版傳媒集團·山西新華印業有限公司

開　　本　700mm×970mm　1/16
印　　張　5.5
字　　數　47千字
版　　次　2014年12月　第1版
印　　次　2024年2月　第二次印刷
書　　號　ISBN 978-7-203-08805-9
定　　價　28.00圓

《近代名家散佚學術著作叢刊》編委會

出版說明

近代名家散佚學術著作叢刊選取一九四九年以後未再刊行之近代名家學術著作共二百二十册，編例如次：

一、本叢書遴選之著作在相關學術領域具有一定的代表性，在學術研究方向、方法上獨具特色。

二、爲避免重新排印時出錯，本叢書原本原貌影印出版。影印之底本皆經專家組審定，原書字體大小，排版格式均未做大的改變，原書之序言、附注皆予保留。

三、本叢書分爲八大類，以作者生卒年編次。

四、爲使叢書體例一致，本叢書前言後記均采用繁體字排版。

五、個別頁碼較少的版本，爲方便裝幀和閱讀，進行了合訂。

六、少數學術著作原書内容有個別破損之處，編者以不改變版本内容爲前提，部分進行修補，難以修復之處保留缺損原狀。

七、原版書中個別錯訛之處，皆照原樣影印，未做修改。

八、所選版本之抽印本頁碼標注，起始至所終頁碼均照原樣影印，未重新編排標注新頁碼。

由於叢書規模較大，不足之處，殷切期待方家指正。

總序／

披沙瀝金，以爲鏡鑒

◇許嘉璐

多年來有一個問題始終在我腦中盤桓：爲什麼在十九世紀末到二十世紀初，在短短的幾十年裏，中國的各個學術領域竟涌現了那麼多大師級的人物？這是中國近代史上一個極爲重要的現象，我認爲，如果不能給出令人滿意的答案，我們撰寫的近代學術史將是不完整的，甚至是缺乏靈魂的。後來我知道，著名人類學家克羅伯曾提出過一個問題：爲什麼天才成群地來？看來這種現象的出現並非中國所獨有，思考其所以然的也大有人在。而在那一次世紀之交中國的情况，似乎應驗了「天才成群地來」這個令克氏久久不解的疑問。錢學森先生曾從相反的方向提出了相同的疑問：爲什麼我們這個時代出現不了杰出人才？後來人們稱這個問題爲「錢學森之謎」。

要回答這些疑問不是件容易的事。與其迅速地囫圇地探尋，不如先多了解那些讓中國近代學術（應該包括人文科學和自然科學）史上閃耀着光輝的大師們的作品和自述，從而在腦海里盡量「復原」他們所處的環境和在那種環境下的心理路徑，從中或許可以得到一些啓示。

有一點是顯然的，這就是他們雖然都已遠離塵凷而去，但是他們獨立思考的品性、求知治學的真誠、困厄窮愁中對節操的堅守，恐怕是他們共同的主觀因素，一直影響到現在，而且將會永遠留存下去。

就思想界、學術界而言，二十世紀上半葉是一個新説和舊説碰撞，中學和西學融匯的大時代。那時的學人極爲重視言行操守，同時具備現代知識分子的理想信念；他們的學術研究十分純凈，絶少功利因素；他們的視界開闊，以包容的心態和嚴謹的風格造就了成果的大氣與厚重。至於在客觀因素一面，他們實際是在用工業化時代的事實解説着太史公所説的名山之作「大抵聖賢發憤之所爲作」，困厄苦難使得他們「皆意有所鬱結」。這種鬱結，幾乎和個人的名利毫無牽涉，他們永遠不能釋懷的，是民族的存亡、國運的興衰、民衆的福禍和文脈的續斷。

那個時代也是近代歷史上最大規模的中西古今學術調適、創新的時期，學術方法上的交互滲透和融合、創新亦可謂「於斯爲盛」。斯時之學人是要在封閉的屋墻上鑿出窗子的勇士，是使人能够看看外部世界的第一批導夫先路者；或者可以説，他們是在「意有所鬱結」時「彷徨」和「吶喊」的「狂人」。

相對於那時的哲人們，後來者是幸運兒。現在的形勢是，近三十年來學界空前繁榮，衆多學科有了長足之進，其中很重要的一點是學界有了更新穎、更廣闊的國際視野，似乎接續上了百年前的學壇盛事。但細想想，「古」與「今」還是有差别的。其异，主要不在於世界情勢、學術進展、工具改善這些客觀存在，而在於在廣泛吸收各國優長的同時，自身文化的主體性越來越受到重視，换言之，「拿來主義」已經延長了「拿來」的程序，加上了試用、甄别、篩選、吸收、融合、成長。就我孤陋所見，在當今地球上，面向所有異質文明，努力汲取我之所缺，其範圍之大和心態之切，似乎無出中國之右者。從這個角度説，我們已經超越了前輩。但是事情還有另外一面，學術，特别是人文學科，其職業化、「沙龍化」和功利性，以及隨之而來的浮躁病却嚴重了。從這個角度説，是不是我們已經後退得够可以的了？而這是不是我們這個時代出不了大師的原因之一呢？

民國學術界的特點之一是極爲注重對傳統的反省、批判與繼承。他們對傳統文化盡最大的努力進行整理和研究。一方面，由於戰亂頻仍，民不聊生，學者們擔起了讓中華文化薪火相傳的歷史責任；另一方面，他們要通過對中國傳統文化的整理、挖掘來重振民族自信心。這一時期對傳統文化進行整理的全面而深入是前所未有的，舉凡文字學、語言學、經濟學、法學、哲學、政治制度、書法繪畫、金石學……規模之宏大，研究之精微，令人嘆爲觀止。

民國學術推動了現代學科體系的建立。在對傳統文化整理和研究的基礎上，吸收西方的文化思想和理念，推動和建立了中國現代學科體系。例如，在對語言文字和音韻學成果進行整理、研究的基礎上開始着手規範之，建立了國語學；深入研究書法、國畫，將其融入了現代美術學科；在廢除舊有學制後逐步建立起小、中、大學較完整的科目和學科體系。

民國學術也改變了傳統學術方式，建立了新的研究範式。以現代科學考古爲發端，科研的實踐和成果使中國知識界真正認識到在實驗、比較基礎上的邏輯分析對學術研究的重要，推進了中國學術的一大演變。至於我們常説的打破士大夫傳統、走出書齋到田野鄉村和市民中進行調查研究、結束了經學時代、以歷史眼光檢視儒學和諸子等等，都是確立新學術範式的努力。這一轉變，也標誌着中國學術界脱胎换骨，全面進入了現代，爲此後的學術發展奠定了堅實的基礎。當然，西方啓蒙運動以來，在「現代性」和「現代化」裏潛伏着的缺陷和謬誤也傳到了中國，這些不能不在前哲的著作裏留下痕迹。這並不奇怪。類似的情况，古往今來孰能免之？猶如今天的我們，誰敢自稱我之所見就是永恒的真理？在這個問題上兩個時代所異者，或許就在昔時大家創立新説或譯註西學著作，往往是懷着對學術和前哲的敬畏而爲之，故而常常誤不在我；當今則往往出於對學問和他人的輕蔑，或以所研究的對象爲謀己的工具，因而難辭主觀之咎吧。翻閲他們的心血之作，這些復雜的狀況可以顯見，可以視之爲我們的一面鏡子。

滄海桑田，世事變幻，歷史的動盪和時代的遮蔽，使當年許多大師的一些極有價值的學術著作被棄於故紙堆中，不能不令人有遺珠之憾。爲此，山西人民出版社不惜以數年之艱辛，披沙瀝金，編輯出版這套近代名家散佚學術著作叢刊，凡一百二十册，計文學、史學、政治與法律、美學與文藝理論、民族風俗、宗教與哲學、經濟、語言文獻共八大類別。所選皆爲作者之純學術著作，無論是其見解、精神，抑或是其時代烙印，都是後輩學人可資借鑒的寶貴財富。他們出版這套叢書，意在讓世人不忘來程，知篳路藍縷之不易，爲民族文化的傳承再增薪木。

出版社的初衷，與我近年來所思所慮近似，故願略述淺見於書端，以與策劃者、編輯者和讀者共勉。

二〇一四年七月六日

改定於自安東回京途中

前言／精神、历史与事实

◇樊綱

中國古代不乏有趣和重要的經濟思想，但是就形成知識體係的理論或「學説」而言，中國現代經濟學的發展是從嚴復一九〇一年引進翻譯出版英國人亞當·斯密的國富論（一七七六）（當時譯爲原富）開始的。就是説，是從學習西方開始的。也屬於一個落後國家學習與追趕發達國家過程的一個組成部分。

從原富出版（以至更早時期天演論的翻譯和出版），到辛亥革命前後至五四運動時期，中國應該説是發生了第一次思想解放的進程，也就是中國的啓蒙運動，學習研究西方發達國家的科學技術、政治社會理論和人文思想，進入了一個新的時期。在大約半個世紀的時間裏，「大師」成批地出現，進入了一個學術研究的繁榮時期。除了大量翻譯西方的著作，中國人自己的經濟學研究力量也逐步形成，並逐步運用現代的理論和方法，來研究中國的社會、中國的經濟，用現代方法進行的實地調查研究，也多有發生。雖然有連續不斷的內戰和抗日戰爭，學術研究却仍在繼續，陸續出版了許多專著和論文。我們這些在「文化大革命」後才進入學術領域的後人經常會好奇：那麽一個戰亂的時代，那些前輩怎麽還在做研究？怎麽還能做研究？每當看到一本那個時代出版的泛黄的「故紙」，一定是仰慕之情油然而生。

也許正是因爲戰亂，因爲當時的落後與貧窮，許多著作出版了，又散落了。有的没有得到應有的傳播，有的研究被打斷，無法産生大的影響。現在山西人民出版社將一些不大爲人所知和没有再印的散佚經濟學著作收集出版，既是拯救，也是發揚。用現在的眼光看，有的著作也許「淺顯」，但這些著作的價值和從中我們可以學到的，其實首先在於以下的一些東西：第一是精神，那種不求世俗功利，出自好奇心在亂世中探索真理的風骨；第二是歷史，我們中國人的思想史，我們現在學的這些東西是如何從外面舶來而在中國的土壤上生根和發展的；第三是事實，是那一輩學者在艱苦的環境下記録下來的當時和以往的事件與史料，這些已經不可復得，但却是我們在研究近現代中國經濟發展的整個進程時不可或缺的。

一代人有一代人的使命，也有一代人的局限。翻閲古籍，令我們思考我們能爲這個國家、這個民族、這個世界留下哪些遺産，我們的後輩將如何評價我們？

二〇一四年八月二十一日 寫於深圳

作者簡介

歐宗祐，生平不詳。

中國鹽政小史目次

中國鹽政小史

第一章　緒論

世界各國鹽法，雖各有不同；然略而言之，約可分爲三種：卽自由制，租稅制及專賣制是已。自由制，卽無稅制。主此制者，謂鹽爲人生日用必需之品，對於吾人之健康，所關至鉅，且無物可爲代替；故非但不宜專賣，抑且不宜徵稅；而須聽人民之自取自給。現今英吉利及比利時之鹽法，可爲此制之代表。租稅制略可分爲兩種：一曰就場徵稅制，凡鹽皆由產地徵稅，一稅之後，聽民運銷，任其所往，不加限制。近今德意志，法蘭西，及荷蘭鹽法，卽採此制也。一曰關稅制，卽對本國出產之鹽，不徵收租稅，而對於由外國輸入者則稅之。如近今美國，丹麥，那威，西班牙，葡萄牙，及革命前俄羅斯之鹽法，卽採此法也。專賣制略可分爲三種：一曰全部專賣制，卽製造運銷，悉歸政府辦理，如歐戰前奧匈之鹽制是也。一曰一部專賣制，其法或製造歸民，運銷歸國；或官民共製，運銷歸國，販賣歸民，如近今意大利之鹽法是也。一曰就場專賣制，其法製造歸民，收買歸國，運銷歸商。雖仍爲一部專賣，而法尤簡易，近今日本鹽法，卽採此制也。

我國鹽法，起源甚古，變遷亦多，上述各國所行各種鹽法，我國皆曾經一一試行。管子鹽法，與意制相同，蓋其所採者爲全部專賣制也；東漢及六朝鹽法，與德，荷蘭諸國略同，蓋其所採者爲一部專賣制也；漢武鹽法，與奧匈略同，蓋其所採者爲就場徵稅制也；隋代及唐初鹽法，與英比相同，蓋其所採者爲無稅制或自由制也；唐劉晏鹽法，與日本現制相同，蓋其所採者爲就場徵稅制也。唯關稅制則我國始終未經試行。蓋在閉關時代，外國無鹽輸入，當然不生此種制度；然於通商以後，我國之海關約章則規定：凡食鹽出進口，均屬違禁物品；故亦無關稅之例焉。

我國各事皆後於人，獨於鹽法，則頗可稱一日之長。蓋於歐西各國不知鹽法爲何物之時，而我國鹽法則早已燦然大備矣。今我國鹽法，雖系統紊亂，良法久湮，整理之責，亦須勞外人代庖，吾儕國民，可恥孰甚；然若擴大眼光，如鳥瞰大空，以總觀吾國鹽政史之全部，則近時鹽法之敗壞，僅爲悠遠程途上之一小段泥濘，殊無阻礙吾人前進之力量，吾人若能鼓勇直前，則將來所造，當非歐洲諸國所能比擬：蓋吾人所得於吾國鹽政史上之遺產，比其他諸國爲多也。著者不忖固陋，爰著中國鹽政小史，非敢謂在學問上有何貢獻，亦欲以給吾國鹽政改革的旅行家以簡明地圖云爾！

第二章　先秦之鹽政

我國鹽政，起源甚早。陶唐以前，年湮代遠，榷鹽之法，雖莫可得而詳；然夏時鹽制，則約略可考。禹貢謂青州厥貢鹽絺。夏時有貢而無稅，貢卽稅也。是夏時稅鹽之制，早已確立矣。商因夏，周因商，稅鹽之制，沿而未改。周禮太宰以九賦斂財賄，九貢致邦國之用。九貢之中，其九曰物貢。物貢者，卽徵稅於魚鹽橘柚等雜物也。是有周之世，亦有稅鹽之制也。然其時稅率甚輕，征收甚薄，聽民貿易，無有法禁。周室東遷，王綱解紐，稅制大紊，榷鹽之制，無得而考。然周初之太公及春秋時代之桓管注重鹽利，而鹽專賣制度，遂於齊國發生。史記齊之世家曰：『太公至國修政，因其俗，簡其禮，通商工之業，便魚鹽之利，而人民多歸齊，齊爲大國。』鹽鐵論輕重篇亦曰：『修太公桓管之術，總一鹽鐵。』所謂『總一』卽專賣也。太公之鹽專賣法，雖不可得而詳；然桓管之專賣法，則班班可考：

桓公卽位，管仲相之，謹鹽筴之徵，創官海之策。禁北海之衆，毋得聚衆而煮鹽。鹽專賣制度，於以確立。顧管子何以創『官海』之策？何以將鹽收歸國營，實行專賣制度？間嘗考之，其原因約有下列數種：(一)政府實行鹽專賣制度，藉此以稅其民，比抽別種租稅，其害較少。管子輕重篇有云『公曰：欲藉（藉稅也）於室屋；管子對曰不可，是毀成也；欲藉於萬民；管子曰不可，是隱情也；欲藉於六畜；管子對曰不可，是殺生也；欲藉於樹木，管子對曰不可，是伐生也。』國蓄篇亦曰：『以室廡（小曰室，大曰廡）藉，謂之毀成；以六畜藉，謂之止生；以田畝藉，謂之禁耕；以正人藉，謂之離情；以正戶藉，謂之養贏。』謂之毀成者，蓋以徵房屋稅，致使人毀壞房舍也；謂之止生者，蓋以徵六畜稅，是使人不競牧養也；謂之禁耕者，以加稅田畝，是無異於禁止其耕作也；謂之離情者，以徵收丁稅，將使人心離背也；謂之養贏者，則以徵戶稅，將使正數之戶避其藉，至浮浪流爲大賈富家所役屬，而增其利也。此數種稅收，皆於人民有莫大之害處，不應舉行；然國家政費，爲維持政府活動之本源，亦須有所從出。數害相權取其輕，鹽稅較上列各稅，爲害較少，故管子勸桓公取官海之策，實行鹽專賣制度也。且(二)鹽租不易脫漏。蓋鹽爲人生日用必需之物，爲『食肴之將』（註一），『惡食無鹽則腫』（註二）。故鹽之爲物，爲人生不可或缺，且無物可爲代替，故人人非食鹽不可。『十口之家，十人食鹽；百口之家，百人食鹽』（註三）。若抽鹽稅，則無論何人，不能漏稅。故『諸君吾子無不服籍』也（註四）。鹽稅之妙處在能公平普及，此點最合租稅原則（註五）。（三）鹽稅收入必比他稅爲鉅。蓋既無人能不食鹽，則無人能不納鹽稅，斯鹽稅之收入爲數必鉅。以之供給政費綽有餘裕；故政府可不必多闢稅源，另圖收入，而國用給。蓋按照租稅原則，稅源（sources of revenue）宜少不宜多。稅源越多，則病民越甚，而國家亦因而削弱。管子所謂『利出一孔（按「孔」與今日財政術語「稅源」相當）者，其國無敵；出二孔者，其兵不屈；出三孔者，不可以擧兵；出四孔者，其國必亡』（註六）是也。（四）復次，鹽專賣可寓租稅於專賣之中，使人民於不知不覺之間，『無不服籍』，絕無抗稅之患。不然，若明令徵收鹽稅，則人民鮮有不疾首蹙額呼號相告以圖抵抗之方者。管子深明此理，故語桓公曰：『使君施令曰：「吾將籍之諸君吾子，」則必囂號。今夫給之鹽筴，則百倍歸於上，人無以避此者數也』（註七）。此正間接稅之長處，亦卽管子鹽專賣之神化處。——鹽專賣既有此數長，故管子毅然行之。

管子鹽法，首在於『謹正鹽筴』。所謂筴者，卽謂計歲入之數。以今語釋之，卽管子鹽法，首在於定立精確之預算。其法先估計每人每日或每月食鹽幾何，雖少男少女所食，亦皆一一分別計算。次以每人每日或每月所食鹽量，乘全國人口之數，其積卽爲全國每日或每月所食之鹽數。鹽每升徵稅幾何，卽以所擬徵收之數，乘全國每日或每月所食之鹽量，其積卽爲政府每日或每月所徵之鹽稅收入。管子海王篇曰：

『十口之家，十人食鹽；百口之家，百人食鹽。終月，大男食鹽五升少半，（少半猶劣薄也）大女食鹽三升少半，吾子（吾子謂小男小女也）食鹽二升少半，——此其大曆也。（曆數也）鹽百升而釜。今鹽之重，升加分彊，釜五十也；（分彊半彊也今使鹽官稅其鹽之重每一斤加半合爲強而取之則一釜之鹽得五十合而爲之強）升加彊，釜百也；升加二彊，釜二百也。鍾（十釜爲鍾）二千，十鍾二萬，百鍾二十萬，千鍾二百萬。萬乘之國，人數開口（開口謂大男大女所食之鹽也）千萬也。禺筴之商日二百萬，（禺讀爲偶偶對也商計也對其大男大女食鹽者之口數而立筴以計其所稅之鹽一日計二百萬合爲二百鍾）十日二千萬，一月六千萬。』

地數篇亦云：

『十口之家，十人咶鹽；百口之家，百人咶鹽。凡食鹽之數，一月，丈夫五升少半，婦人三升少半，嬰兒二升少半。鹽之重，升加分耗而釜五十，升加一耗而釜百，升加十耗而釜千。』

卽此以觀，其預算何等精確！故終桓公之世，國用所出，大部皆賴鹽稅，而絕無不足之患。管子理財之技術，方之現代財政學家，未遑多讓。

管子鹽法，有由政府屯積國內之鹽，待陽春農事方作，農人方有事於西疇之候，下令人民無得聚衆煑鹽，使鹽之產額減少；產額既少，求過於供，則鹽價必飛漲。政府卽於此時將所積之鹽，運銷國外，從中獲利，以充國家政費，卽所以減輕人民之負擔焉。管子地數篇云：

「……君伐菹（枯草曰菹）薪，煑泲水爲鹽，正而積之三萬鍾。……至陽春，農事方作，令……北海之衆，毋得聚衆而煑鹽。然鹽之價必四十倍。君以四十倍之價，修河濟之流，南輸梁趙宋衞濮陽，惡食無鹽則腫，守圉之本，其用鹽獨重。君伐菹薪，煑泲水以籍於天下。……」

輕重篇亦云：

「……齊有渠展之鹽（渠展齊地名，泲水入海之處，可煑鹽之所也）。請君伐菹薪，煑泲水爲鹽，正而積之。桓公曰諾。十月始正，至於正月，成鹽三萬六千鍾。……孟春既至，農事且起，……北海之衆，毋得聚庸而煑鹽。若此，則鹽必坐長而十倍。請以令糶之梁趙宋衞濮陽，彼盡饋食之地也。國無鹽則腫，守圉之國，用鹽獨甚。……乃以令糶之，得成金萬一千餘斤。」

此兩段可以互證。於農業經濟時代，竟能注重商戰，管子之眼光，何等銳利，何等廣遠！其鹽法對於吸收現金一層，何等高明！以此法操縱國際貿易，眞可做到『藉於天下』！

管子鹽專賣法，有收外鹽而官銷者。蓋於本國產鹽不足，有資於外鹽時，則待其輸入，由政府悉數收買，再由官賣。如此，則人民不致有淡食之苦，利權不致外溢，而政府則復可藉此得一大宗收入焉。管子海王篇云：

『……因人之海假之名，有海之國，讎鹽於吾國，釜十五（按當作釜五十），吾受而官出之以百，我未與其本事也，受人之事以重相推，此人用之數也。』

是他國之鹽，由吾政府收買，復由政府售諸人民，獲利一倍，則是他國之鹽爲我用，所謂『人用之數』者此也，所謂『以重相推』者此也。

復次，管子鹽法，鹽之製造，有由官製者，有由民製者。『請君伐菹薪煮鹽』，是官製也；『令北海之衆毋得聚庸而煑鹽』，是有民製可知也。書闕有間，其詳不可得而考，然以上所陳，已足窺見管子鹽法之一斑矣。

自管子而後，齊國世守其法。洎春秋之末，鹽法遞變，流弊寖多。故晏子與齊景公對語之際，有「藪之薪蒸，虞侯守之；海之鹽蜃，新望守之。徵斂無度，人民苦病」之言，蓋極言其苛也。齊自桓公至景公時，歷朝九世，歷年一百八十餘載，其間場區之推廣，條例之變更，鹽務情形，非復管子之舊。民製之法，完全改爲官製，官府盡奪民利，居奇壟斷，賣價更貴。雖仍行專賣，然一按其實，則迥非昔比矣。其後陳氏蓄謀亡齊，藉助鹽政，陰德於民。其收稅於民也，以小斗受之，與民則以大斗行焉。行之數年，而齊政卒歸陳氏；遂以亡齊。迄乎戰國，而齊猶以負海之饒，號稱強大，則管子所遺鹽法有以致之也。

秦用商鞅之法，廢專賣制度，而行租稅政策，鹽務情形，更異於昔。考商鞅變法，在戰國之初。其時七國相傾，務在致民；然三晉地狹而民衆，而秦民不足以實土（註八），鞅遂實行其來民政策，廢井田，使民得買賣，開放山澤，任民專利，鹽之生產運銷，概任民業，政府不與民爭利。專商之制，實始於此。行之數年，功效卓著。然競爭之道，雖首重得民；然既庶之後，則富爲要着。鹽專賣之制，既已廢除，則國家軍政各費，勢不得不藉助於租稅以資挹注。由是鹽稅徵收，二十倍於昔，逮乎秦末，天下多事，稅率增加，鹽價益貴。

註一：本天鳳年間王莽詔書語。

註二：本管子地數篇語。

註三：管子海王篇。

註四：管子國蓄篇。

註五：或謂管子課鹽稅，雖能普及，然並未見其公平。蓋一國人民，有貧有富，富人之所能負擔者，貧人或視為太重，以同一稅率課之，揆之現代累進稅（progressive tax）之原則，豈得謂平？余謂若按現代社會情形立言，此說確屬正當。但當時社會情形，與現代迥然有別，貧富之差，斷不如現代懸絕之甚，課以同一稅率，恐無若何不平也。

註六：見管子國蓄篇。

註七：見管子海王篇。

註八：參閱商君書來民篇。

第三章　漢晉六朝之鹽政

漢承秦後，兵燹之餘，民無蓋藏，商人重利，操縱市價。及天下大定，高祖乃重租稅，以困商賈，鹽稅之重，不減於秦。然鹽利之權，則仍歸商擅。蓋商將重稅轉嫁於民，重稅雖行，祇增民累而已，初無損鹽商之毫末也。史記與漢書之貨殖列傳所載豪强致富者，皆謂其擅專鹽鐵。若猗頓刁間蜀之羅裒輩，則皆以鹽鐵起家，兼並齊民以成富業。交通王侯，力過吏勢。由此證之，則漢時鹽商兼業專利，已可概見。董仲舒曰：『秦用商鞅之法，改帝王之制，民得專川澤之利，……荒淫越制，踰侈以相高，邑有人君之尊，里有公侯之富，鹽鐵倍稅，小民貧困。漢與循而未改。……』由是觀之，專商之弊，實開於秦，沿及漢代，已積重難返矣。及至武帝之世，內修法度，外勤遠略，設立國防，圖制匈奴，乃表西河，列四郡，開玉門，通西域。又定兩粵及蜀南地，置『初郡』十七，而初郡又時時小反。因連年用兵之故，財用耗竭，政費不贍。元狩中，張湯用事，請籠天下鹽鐵，改行專賣制度。自管子至此時，越五百有餘歲，而專賣之法始復興焉。專賣法既行，遂任大鹽商東郭咸陽爲大農丞，領鹽事。大農丞以下諸官，除故鹽鐵家富者爲吏，吏多賈人。咸陽禁民煮鹽，收歸官辦。由官備煮鹽器作，僱工煮鹽，給以工資。有敢私煮鹽者，鈦以鉗鉗其足謂之鈦左趾，沒收其器物。當時官製之鹽，復由官售，鹽吏坐列市肆，販物求利，各吏又相與競爭，故鹽價騰貴，民多淡食。又或強令民買，騰貴則私販牟利，自市則吏容姦豪。鹽利所入，上不在國，下不在民，而唯飽鹽吏之私囊，國家之鹽稅收入，曾不足以償其役員之俸給。漢書所謂『天下賦輸或不足償其僦費』是也。蓋當時所用鹽吏，類多賈人，舞弊營私，本其能事。此種現象，實無足怪也。漢代鹽政，最大缺憾，莫過於任用鹽商總領鹽事。此在稍治中國財政史之學者，幾於無人不知。即當時之公卿大夫，亦自知其弊，亦承認『吏或不良，禁令不行，故民頗苦之』（註一）。元封初，桑弘羊領大農丞，盡管天下鹽政，爲免除此種弊端起見，特於各縣設置鹽官，以統一鹽政，復以均輸調鹽政。史稱其民不益賦而國用饒給，是皆弘羊整理鹽政之效也。及昭帝始元六年，詔賢良文學問民所疾苦，皆對：願將鹽專賣制廢除，毋與天下爭利。弘羊難之，以爲此國家大業，安邊足用之本，不可廢。當時雙方頗有詰難，辯論甚爲劇烈。漢桓寬之鹽鐵論對於此種論辯記載至爲詳細。總觀鹽鐵論中雙方之論據，概括而歸納之，當局對於鹽專賣之理由約有四種，卽法律上之理由，財政上之理由，政治上之理由，及社會上之理由是已。而賢良文學對之，則盡力非難，反覆論辯，以成當日之論戰。此種論爭，在我國鹽政史上，極爲重要，故不厭詳細，試將雙方之議論擇錄於下，藉以明其所爭之點安在，其理由何若，末並依著者個人之見地略事批評焉：

(一)法律上之理由——當局謂普天之下，莫非王土。鹽在法律上爲君主所有，從而榷之，爲理所當然之事。故禁耕篇曰：『家人有寶器，尙函匣而藏之，況人主之山海乎？』復古篇曰：『古者名山大澤不以封，爲下之專利也。山海之利，廣澤之蓄，天下之大藏也。皆宜屬少府，陛下不私，以屬大司農。』賢良文學對此非難之曰：『民人藏於家，諸侯藏於國，天子藏於海內。民人以垣牆爲藏閉，天子以四海爲匣匱。……王者不畜聚，下藏於民，遠浮利，務民之義。』（禁耕篇）蓋賢良文學主張君主不須有私有財產也。

(二)財政上之理由——當局謂欲征外安內，富國強兵，須有鉅額之費用。若此種費用求之於鹽利收入，則綽有餘裕，人民不感痛苦，上下俱足。舍此別無其他偌大財源。

故本議篇曰：

『匈奴背叛不臣，數爲寇暴於邊鄙，備之則勞中國之士，不備則侵盜不止。先帝哀邊人之久患苦，爲虜所獲也故修障塞，飭燧燧屯戍以備之邊。用度不足，故興鹽鐵，……蕃貨長財，以利邊費。今議者欲罷之內空府庫之藏，外乏執備之用，使備塞乘城之士，飢寒於邊，將何以贍之？』

非鞅篇曰：

『昔商君相秦也，……外設百倍之利，收山澤之稅，國富民強，器械完飾，蓄積有餘。是以征敵伐國，攘地斥境，不賦百姓而師以贍。故用不竭而民不知，有益於國，無損於人。』

輕重篇曰：

『總一鹽鐵，通山川之利，而萬物殖。是以縣官用饒足，民不困乏，本末並利，上下俱足。』

賢良文學則逐一駁之曰：『利不從天來，不從地出，一取之民間，謂之百倍，此計之失者也。無異於愚人反裘而負薪，愛其毛而不知其皮盡也。夫李梅實多者，來年爲之衰，新穀熟者，舊穀之虧。自天地不能兩盈，而況於人事乎？故利於彼者，必耗於此』（非鞅篇。）蓋謂鹽利收入，結果歸諸人民負擔也。又曰：『今商鞅之册任於內，吳起之兵用於外，行者勤於路，居者匱於室，老母號泣，怨女歎息。文學雖欲無憂，其可得乎？』（非鞅篇。）蓋謂政府寵天下鹽利，已屬不可；若以鹽利收入作爲軍費，則更不可也。

（三）政治上之理由——當局謂權利（權力利源之意）下移，大足以危害國權。若鹽非由政府製造及專賣，則豪強大家，必於深山窮澤之中，招納多數勞動者，而此種勞動者類多無賴放流之人，遠去鄉里，棄墳墓，依賴大家，朋比爲奸，犯科作惡，無所不爲，馴至政府亦不能干涉，往往養成大姦。蓋當時警察制度不完備，監督不能周密，其結果往往如此。非將鹽歸官製官賣，則不足以弭消此種禍患於無形也。故錯幣篇曰：『文帝之時，縱民得……煮鹽，吳王擅鄣海澤，……山東奸猾，咸聚吳國，……吳錢布天下。……禁禦之法立，而奸僞息，奸僞息，則民不期於妄得，而各務其職，不反本何爲？故統一則民不二也。』禁耕篇曰：『夫權利之處，必在深山窮澤之中，非豪民不能通其利。異時鹽鐵未籠，布衣有朐邴，……君有吳王，專山澤之饒，薄賦其民，賑贍窮小，以成私威。私威積，而逆節之心作。夫不早絕其源而憂其末，若決呂梁，沛然其所傷必多矣。……今放民於權利，罷鹽鐵以資暴強，遂其貪心，衆邪群聚，私門成黨，則強禦日以不制，而兼併之徒，奸形成也。』復古篇曰：『往者豪強大家，得管山海之利，……煮鹽，一家聚衆，或至千餘人大抵盡放流之人民也。遠去鄉里，棄墳墓，依倚大家，聚深山窮澤之中，成姦僞之業，遂朋黨之權，其輕爲非亦大矣。』刺權篇曰：『齊以其腸胃予人，家強而不制，枝大而折幹。以專巨海之富，而擅魚鹽之利也。勢足以使衆，恩足以卹下，是以齊國內倍而外附，權移於臣，政墜於家，公室卑而田宗強，轉轂游海者，蓋三千乘。失之於本而末不可救。今山澤之源，非獨雲夢孟諸也；……煮鹽，其勢必深居幽谷，而人民所罕至，姦猾交通，山海之際，恐生大姦！』

而賢良文學則曰：『王者不鄣海澤以便民用』（錯幣篇。）又曰：『義禮立則民化上，若是，則雖湯武生存於世，無所容其慮；工商之事，歐冶之任，何姦之能成？三桓專魯，六卿分晉，不以鹽鐵。故權利深者不在山海，在朝廷』（禁耕篇。）又曰：『當時之利權，一切之術也，不可以久行而傳世，此非明王所以君國子民之道也』（復古篇。）又曰：『貴人之家，雲行於塗，轂擊於道，攘公法，申私利，跨山澤，擅官市，非特巨海魚鹽也。執國家之柄，以行海內，非特田常之勢，倍臣之權也。威重於六卿，富累於陶衛，輿服僭於王公，宮室溢於制度，幷兼列宅，隔絕閭巷，閣道錯連，足以游觀，鑿池曲道，足以馳鶩，臨淵釣魚，放犬走兔，隆豺鼎力，蹋鞠鬬雞，中山素女，撫流徵於堂上，鳴鼓巴俞，作於堂下，婦女被羅紈，婢妾曳絺紵子孫連車列騎田獵出入畢弋捷健。是以耕者釋耒而不勤，百姓冰釋而懈怠。何者，己爲之而彼取之』（刺權篇。）

（四）社會上之理由——當局謂製鹽非有大資本不可，既有大量資本，則必至壟斷居奇，操縱市價，其結果必至使富者愈富，貧者愈貧，貧富懸絕。資本家日益專橫，甚至政府亦無如彼何，而貧民更無以自存，而爲豪民所兼幷。食鹽專賣，所以助長齊民，反對豪民。所謂損有餘補不足是已。故錯幣篇曰：『人君不調，民有相妨之富也。此其所以或儲百年之餘，或不厭糟糠也。民大富則不可以祿使也，大彊則不可以威罰也。非散聚均利者不齊。故人主積其食，守其用，制其有餘，調其不足。禁溢羨，厄利塗，然後百姓可家給人足也。』禁耕篇曰：『山海有禁而民不傾，貴賤有平而民不疑。……今罷去之，則豪民擅其用而專其利。決市閭巷高下在口吻，貴賤無常端，坐而民豪，是以養強抑弱而藏於跖也。強養弱抑則齊民消。』復古篇曰：『今意總一鹽鐵，非獨爲利入也，將以建本抑末，離朋黨，禁淫侈，絕幷兼之路也。』輕重篇曰：『水有猵獺而池魚勞，國有強禦而齊民消。故茂林之下無豐草，大塊之間無美苗。夫理國之道，除穢鋤豪，然後百姓均平，各安其宇……大夫各運籌策，建國用，籠天下鹽鐵諸利，以排富商大賈……損有餘，補不足，以齊黎民。』

而賢良文學則謂貧富懸絕及豪強兼幷細民，並非因鹽之不公賣，而實由於當局不知提倡德義禮讓。若由當時之道，無變當時之俗，則不特不能齊黎民，恐將因此而益致不可收拾矣。故曰：『古者貴德而賤利，重義而輕財。三王之時，迭盛迭衰，衰則扶之，傾則定之。是以夏忠殷敬，周文庠序之教，恭讓之禮，粲然可得而觀也。及其後禮義弛崩，風俗滅息，故自食祿之君子違於義而競於財，大小相吞，激轉相傾，此所以或儲百年之餘，或無以充虛蔽形也』（錯幣篇。）又曰：『……今欲損有餘，補不足，富者愈富，貧者愈貧矣』（輕重篇。）

綜觀雙方論據，公卿大夫對於鹽專賣制，振振有詞，其議論包含幾分眞理，堅樸不易於動搖，確爲深切當時實際之論。至賢良文學，則雖誾誾焉，侃侃焉，以從事論辯，然往往撇開當時實在情形，事事稱道古昔，盲目的反對鹽專賣制。從好的方面言之，可謂：『諸生對册……指在於崇禮義，退財利，復往古之道，匡當世之失』（註二）。從壞的方面言之，則可謂賢良文學『信往古而乖於今，道古而不合於世務』（註三）。以今語釋之，直可謂之『開倒車，走回頭路』也。然因其事事稱道往古，而忽略當時之實在情形；故所發議論多流於迂遠而不切實際，『議論無所依，如膝癢而搔背』（註四）。無怪當局謂：『諸生議不干天則入淵，……若醉而新寤，殊不足與言也』（註五）。其所以如此者，蓋因賢良文學對於當時實在之政治及經濟情形，並無若何研究，一旦奉詔，咸聚闕廷，討論國家大政，便手足無所措，徒以堯舜禹湯文武周公孔孟一線相傳之『亦有仁義而已矣，何必曰利』之高調來相搪塞。當道謂鹽專賣可藉以籌軍餉，而賢良文學則唱非戰論以抗之；當道謂鹽專賣可以籌政費，而賢良文學則標節儉主義以駁之。誠然，若有方法可避免戰爭，則以不戰爲妙；然而匈奴不臣，敵軍壓境，恐非徒唱非戰論所能應付也。若有方法可節省政費，則以節儉爲妥；然節儉到不能再節儉時，恐非徒標節儉主義所能濟其窮也。吾人覺賢良文學所言，多敷衍搪塞之語，『能言而不能行』（註六）。徒從消極的方面，肆行攻擊，不能從積極的方面有所建白。吾人雖不贊同公卿大夫罵其爲『誹譽訾議以要名采』（註七），然賢良文學至少因平時不研究，致臨時無辦法。當道知其弱點，故屢屢諷其勿徒發空論，請其提出辦法以難之。故明告之曰：『說西施之美無益於容，道堯舜之德無益於治。今文學不言所爲治，而言以治之無功，猶不言耕田之方，美富人之囷倉也』（註八）。又曰：『先王之道軼人而難復。賢良文學之言，深遠而難行。夫稱上聖之高行，道至德之美言，非當世之所能及也。願聞方今之急務可復復行於政，使百姓咸足於衣食無乏困之憂』（註九）。若賢良文學對於時局果有具體辦法，則鹽專賣方可取消，故當局語之曰：『諸生莫有能安集國中，懷臧之，來遠方，使邊境無寇虜之災，租稅盡爲諸生除之，何況鹽鐵均輸乎？』（註十）。然而賢良文學終無辦法也。故公卿大夫罷議止詞，不更與之辯論，而姑且奏罷郡國酒沽以敷衍之，奏曰：『賢良文學，不明縣官事，猥以鹽鐵而爲不便。請且罷郡國榷沽』（註十一）。昭帝卒從桑弘羊議，罷榷沽，而鹽專賣制則仍舊行焉。自是以後，宣元成哀平五世相承，無所變改。元帝時，嘗罷鹽鐵官，三年而復之。綜計西漢時代，自武帝元狩四年起，至平帝元始五年止，主行專賣制者，歷一百二十有餘年焉。

王莽篡國，改輕漢制，立五均，設六斡，命縣官賣鹽。其所以設斡者，蓋在於抑兼併，備民用，使民不致有淡食之苦。天鳳年間王莽之詔書對於設斡之理由言之甚詳，詔曰：『鹽，食肴之將，名山大澤饒衍之藏，……此非編戶齊民所能家作，必仰給於市，雖貴數倍，不得不買。豪民富賈，卽要貧弱，故設斡者，所以通有無，備民用，齊衆庶，抑併兼。』設斡原意，非常良善。且於設斡之後，每一斡下設立科條防禁，犯者罪至死。立法原意，亦不可謂不周密。然以當時皆用大賈富商爲吏，乘傳督鹽，任用匪人，正坐西漢之弊。鹽官與郡縣通姦，多張空簿，府藏不實，人民愁苦，天下畔潰。莽因於地皇間議開山澤之防，廢六幹之令，然事未及行，而莽已亡矣。綜觀王莽鹽法，大都原本西漢制度，附會經文，稍加更改。故其所措施，不無略與西漢殊焉。西漢鹽歸官製，無民製之例，莽法則於官製之外，復有民製。不過人民製鹽，須計息出貢已耳。既令縣官賣鹽，復强人民計息出貢，附會周禮地執貢之說，以强奪民利，王莽鹽法，亦苛碎甚矣！

光武中興，廢專賣之法，弛私鹽之禁，任民煑鹽，聽其自由販運。凡郡縣出鹽多者，依舊置官，主收鹽稅，就場徵稅，蓋始於此。於專賣制之外，另成一種法制焉——此東漢之初制也。建武初年，採用租稅制。迨永平末，國用困乏，章帝時，又以用度不足，遂從張林之議，復倣武帝舊制，改行專賣。和帝卽位，詔罷專賣，仍行稅制。自是以後，安順桓靈獻，數世相承，百餘年間，大都循用稅法。建安時，雖復行專賣，然此乃曹氏來民之術，一時權宜之計，固非漢代之常制也。

漢室既亡，郡雄割據，五十餘年，兵連禍結。魏蜀吳三國，無不實行鹽專賣制度，以贍軍國之需。晉易魏祚，悉由舊章，仍行專賣。計自泰始初迄永興末，四十年間，無所變更。永嘉以後，中原板蕩，鹽區淪沒，非復晉有。洎播遷江左，民多流寓，專賣之制，不復能行。於是變通鹽法，改行徵稅。宋齊梁陳，沿而不改。——此南朝鹽政之大較也。北朝鹽法，始於後魏。延興時，倣南朝制度，行徵稅法。其後屢罷屢興，乃無恆法。永熙以降，國分爲二。西魏猶行徵稅法，東魏則行專賣制。高齊繼東魏，宇文周繼西魏，皆循舊制，未之或易。——此北朝鹽政之大較也。

註一：鹽鐵論復古篇。
註二：同書利議篇。
註三：同書刺復篇。
註四：同書利議論。
註五：同書憂邊篇。
註六：同書毀學篇。
註七：同註六。

註八：同書遵道篇。

註九：同書執務篇。

註十：同書國病篇。

註十一：同書鹽鐵取下篇。

第四章　隋唐五代之鹽政

隋承北周，更平南陳。南北鹽區，復歸統一。其初尙依周制，收取稅利。鹽池鹽井，悉禁百姓採用。然自開皇三年廢除鹽禁，無稅主義，蓋始於此。唐初沿隋舊制，亦免除鹽稅。計自隋開皇三年至唐景雲末年，其間共一百二十八年，概無鹽稅，此實爲我國鹽政史上一大紀念時期也。自開元初，始議收鹽稅，旋爲議者所阻，不克實行。及開元十年，始行徵稅制度。但當時徵收之權，分隸地方，禁令旣闊，未有鹽法。天寶末，安祿山反，顏眞卿爲河北招討使，時軍費困竭，爲權宜計，遂收景城鹽，輸銷諸郡，用度遂足。至德乾元間，第五琦領諸道鹽鐵使，仿眞卿法，略加變通，復行專賣制度。鹽之製造，悉由官所特許之亭戶行之。非亭戶而製鹽者，卽以盜煮論。亭戶所製之鹽，悉數由官收買，更由官轉糶於民。如有私行販運者，卽以私市論，罪各有差。唐代鹽法，實始於此。綜觀第五琦鹽法，與管子鹽法頗相彷彿，一言以蔽之，所謂製造歸民，運銷歸官是已。寶應時，又有劉晏之法。劉晏以鹽吏多則州縣擾，故惟於出鹽之鄉置鹽官收鹽戶所煮之鹽，轉糶於商人，寓鹽稅於糶價。商人得鹽後，可以自由運銷，其餘州縣不復置官。此爲就場專賣制，所用役員爲數甚少，費用亦可撙節，鹽法之善無過於此。但晏法主在商運商銷，商人重利，大都趨易避難，僻遠之地因之往往致有乏鹽之苦。晏轉官鹽於所在貯之，以備不時之需。商絕鹽貴，則減價以糶之，名曰常平鹽。蓋仿管子常平法，漢代常平倉之遺意也。常平鹽法有四利：場無棄地之貨（註一）一也；市無驟漲之價二也；民無淡食之苦三也；官獲其利而民不知，四也。晏法既行，凡宮闈服御，百官俸祿，全國軍餉，莫不賴之，而鹽利羨餘，歲仍以百餘萬計，於此可想見其法之善矣。綜其大要，實不外民製官收商運，與所謂就場專賣制，正復相同。管子而後，鹽法之善，殆無踰於晏法者矣。建中時，劉晏既罷，鹽法漸紊。自是時至長慶，數十年間，法制屢變。長慶二年，張平叔判度支，以榷鹽舊法，積弊已深，條陳其專賣之法，以圖補救。其法：於州縣附近之處，令州府差人自糶官鹽。於去州縣遼遠之鄉村，則令『所由』（註二）將鹽就村糶易，其價由官定之，每斤爲三十文，每二百里，每斤加收二文，以充脚價。量地遠近險易，加至六文，不能再加，若脚價不足，則由官補償。平叔以爲此法若行，則不問貴賤貧富，士農工商，道士僧尼……凡食鹽者，無一人能以漏稅。如此則稅收必多，變法以後，歲計必有所餘（註三）。穆宗詔令公卿議其可否。兵部侍郎韓愈則對其所建議，逐條駁詰，而中書舍人韋處厚亦發十難以詰之。穆宗稱善，以示平叔，平叔屈服，其事遂寢。自是以後，迄於大中，多以重臣領鹽事，悉沿舊習，靡有釐革。大中五年，裴休爲鹽鐵使，始稍革舊弊；然皆治私條例，略資補救而已，不足以言立法也。蓋自建中初至大中末，八十年間，官收商運，法雖未變，而流弊已深，實非劉晏舊法矣。自中和以後，藩鎭益強，各擅州郡，斂財自贍，於是鹽利所入，非復唐有矣。天祐末年，朱梁篡國，循唐弊法，十餘年間，無所更改。沿及後唐，始議改變鹽制，定例，於州府縣鎭置榷糶場院，由官自賣，鄉村僻處，則准許通商。雖兩法並行，然主在官賣，通商僅以濟官賣之窮而已。然以百姓買鹽，不能與官府直接交涉，徵收課利，轉慮虧損，遂巧立名稱，俵散抑配。凡州縣城鎭，計戶授鹽，謂之『屋稅鹽』；鄉村人戶，計口授鹽，依夏稅限，隨絲納錢，謂之『蠶鹽』；藉列戶口，計口授鹽，逐年俵賣，祇准供食，謂之『食鹽』。名目既多，鹽價復貴。晉天福中，詔令減價，除蠶鹽外，諸道州郡，配徵人口食鹽，並開鹽禁，准許通商。開運初，罷除通商，依舊禁榷，市易糶鹽，仍歸官場。漢承晉後，剝削益甚。周顯德間，因鹽禁過嚴，犯法者衆，乃於漳河以北，將榷鹽徵錢，均之兩稅，名曰『兩稅鹽錢』。計自唐同光迄周顯德，凡三十餘年，鹽法凡數變，大都以官賣爲主，其通商者但屬鄉村。然衰世苟且之法，務爲苛横。旣榷鹽錢，又徵商稅，稅率紊雜，莫此爲甚。推其弊源，由於唐末藩鎭專據一方，務爲苛斂。積習相沿，遂成定制焉。

註一：鹽價賤時，收買貯蓄，故無棄地之貨。

註二：所由，乃掌管官物之吏。因各事必經由其手，故曰所由。

註三：見韓愈論變鹽法事宜狀。

第五章　宋元明清之鹽政

宋承五代之後，榷鹽之制，悉依周舊。及宇內混一，始廢苛斂。詔官賣通商，各隨州郡所宜，而大概以官賣爲主。其法將鹽戶所製之鹽，盡行收貯入官，由官發賣。官賣各路，鹽由官運，謂之『官般』。官般之法，差役鄉戶，使任運輸之勞。另以里正一人主其事，名曰『帖頭』。水陸轉遞，不勝疲勞，復量資產之厚薄，定役法之重輕。貧者破產不能償，往往逃匿。追呼督責，閭里騷然，此官般之弊也。雍熙間，以河北用兵，切於餉饋，始令商人輸芻粟塞下，謂之『入中』。官府酌地遠近，優與其值，授以要劵，令江淮荊湖等處給以顆末鹽；又於京師置折中倉，聽商人輸粟，優其值，給江淮鹽。此種辦法，名曰『折中』。自雍熙以來，官賣通商，變革無常。官賣所以實州縣，通商所以召入中。入中之法，本以備邊。無如立法之初，規劃未臻詳密，奸商黠賈，低價估貨，高價入粟。商人利於折中，競相趨赴。及其法既弊，則虛估日益高，鹽價日益賤，入實錢者日益少。虛估之利，盡歸豪商，而芻粟價格日益踴貴。官賣通商，兩法俱壞。慶歷末年，從范祥議，改行『鹽鈔法。』其法停入粟之令，改入實錢，悉償以鹽，照入錢之遠近，優其值，授以要劵，商人持劵赴產鹽地，就場驗劵，按數給鹽。每鈔定例給鹽二百觔，聽商運賣。此『票鹽法』所由起也。此外復師法劉晏常平鹽之遺意，於京師置都鹽院，遣官主之。於食鹽每觔不足三十五錢時，則斂而不發，以待鹽價之漲，迨漲至每觔過四十錢時，則大發庫鹽，以壓商利，使鹽價下落。自此鹽價有常估，鈔法有定數，行之數年，公私稱便。綜觀范祥鈔法，大抵就折中舊制，損益變通。其最著之特色，爲以現錢入中而不以芻粟，藉以革虛擡之弊；改官般爲商運，弛運輦之役，使鄉戶免賠累逃亡之苦。蓋實本劉晏糴商法，而寓行於鹽鈔，故能行之無弊也。范祥旣歿，鈔鹽之法，屢廢屢興。崇寧初，言事者奏請復范祥舊法，謹守力行，無庸輕改，經議准照辦矣。會蔡京用事，大變鹽法，改定鈔鹽，專用『換鈔法，』更印新鈔，收換舊鈔，實行對帶貼納之例。凡以鈔至者，每十分內，令輸現錢數分，謂之『貼納；』換給新鈔，仍帶舊鈔數分，謂之『對帶。』至此，閩廣之鹽官般官賣，雖無所變更，而淮浙等處及京東河北，則皆行鹽鈔法，而廢官般法焉。洎宣和初年，鈔法屢變，初用對帶法，後又變對帶爲『循環。』循環者，已賣鈔，未授鹽，復更鈔；已更鈔，鹽未給，復貼輸錢。前後凡三輸錢，始獲一貨之值。民若無貲更鈔，則從前所已輸之錢，悉爲官府所沒收。往往有朝爲豪商，而暮儕流丐者。攘利罔民，莫此爲甚。鹽法之壞，至此而極。宣和二年，王黼用事，復循蔡京苛法，改易鹽鈔，剝下益上，專務害民，甚於盜賊，而靖康之禍作矣。南渡以後，鹽法屢變，建炎初年，仍依靖康舊制，用對帶法。建炎三年，以對帶法不可行，改用貼納法，令商人賣鈔，貼輸現錢。以後則『對』『貼』並行，嚴苛更甚。——綜觀宋代鹽法，靡有定制。官般客鈔，屢相更迭。法規甫立，奸弊隨生。惟范祥鈔法，深得劉晏遺意，略可觀耳。他如貼納對帶循環之制，直爲殘民之具而已，不足以言法也。

元起漠北，政事簡易，無所謂鹽法。太宗二年，鹽務行政，悉依金制。憲宗三年，倣宋折中之法，募民入粟，優其値，給以鹽引，商人持引赴場，領取鹽觔。自是行鹽用引，『鹽引』之名，由此始著。運銷鹽觔，須按引收價，憑引支付。鹽已賣盡，應卽將引退還歸官，限五日赴所在官廳繳銷。舊引已繳，始准再買新引。如違限匿而不繳者，以私鹽論。引由官賣，實爲一種專賣制度。故引曰官引，鹽曰官鹽。鹽商不過納課買鹽，商運商銷而已。中統四年，以場區附近，私鹽充斥，侵虧課額；遂倣『食鹽法，』計口授鹽。由此運銷制度，有引鹽食鹽之分。凡通商各地商人買引運領者，名曰『引鹽；』近場各地，由官司派散民戶者，名曰『食鹽。』然其時引制既行，主在商賣食鹽之法，僅以之抵制私鹽而已，初非全力勵行之也。至元二十一年，以商人牟利，民食貴鹽，窮民類多淡食，於是遂倣常平鹽法，設立常平鹽局，以平鹽價。凡額定鹽數，半給商支，半歸常平。鹽勑運配，儘先常平，次給商販。自此官賣制度，亦與商賣制度並行焉。然官司假常平之名，行排商之策，官商競爭，公私交困。至元二十四年，僭格爲相，改定引法，增加鹽課。先是，每鹽一引，值中統鈔九貫，及至延祐二年，增至一百五十貫，鹽價之昂貴，未有甚於此時者也。官鹽既貴，則私鹽愈多，官不敵私；私禁雖嚴，終難防止。且當時軍人與今之軍閥無異，作奸違法，無所不爲，私煮私販，破壞鹽法。而豪強之家，更復詭名買引，視爲利藪。或夾帶勑重，或增價轉賣，藉勢營私，上侵官課，下妨民食。由是天下大利，上不在國，下不在民，悉而歸豪權之私囊。鹽法敗壞，莫此爲極。至正年間，弊極思變，頗欲有所改革，因將各路餘鹽，暫令停辦，民間食鹽，亦一律罷免（註一）。然苛法相沿，積弊雖革，民困已久，禍機潛伏。迨鹽徒張士誠方國珍等倡亂淮浙，揭竿一呼，而元室遂屋。故謂元之亡，亡於鹽法之紊亂，亦無不可也。

明初鹽政，循元舊制，仍行引法。洪武三年，以籌備邊儲，行『開中法。』開中者，乃倣宋之折中而變通之。其法：令商人輸粟於邊，給以鹽引，令其赴場支鹽，自行販運，謂之開中。其初開中與邊計相輔而行。凡開中商人，令就各邊地招民墾種，建築臺堡，自相保聚，謂之『商屯。』商屯者乃殖邊之妙法也。永樂初，以北京諸衞乏糧，悉停天下中鹽，專於京衞開中。此法一行，已失殖邊之初意矣。既而因大軍征安南，軍糧餉需發生困難，復令各邊衞所，依舊召商中鹽焉。正統初，以各區中鹽，多寡懸殊，淮浙所產之鹽，不敷分配，客商守支，有歲久不得者，於商人方面極爲不便。且商人既守支不獲得鹽，則其所持引目，當然歲久未繳，此種情形，實於鹽務邊儲，兩有所妨，國家方面，亦極爲不利。於是酌議疏銷，遂創『兌支』之法。其法於淮浙鹽額不敷分配時，准許鹽商持引往河東閩廣諸場支取。不願兌者，聽其守支。——此開中之變例也。正統五年，因商人守支年久，不獲得鹽，中納者因以銳減。因議補救之方，將鹽分作常股與存積兩種。淮浙長蘆之鹽，皆以十分爲率，將其中八分給與守支客商，年終挨次行支，謂之『常股。』其餘二分，則收貯於官，遇邊有警，召商入中，不分次第，引到即支，謂之『存積』。常股存積之名，實始於此。中常股者價輕，中存積者價重。商人困於守支，爭趨存積，因此之故，常股固擁擠不堪，而存積亦呈求過於供之象。於是存積之鹽，更分『兌支』之法。凡淮浙未能支取者，配兌長蘆山東鹽以給之。一人兼支數處，道路遼遠，山川阻深，莫克親赴，邊商輒將鹽引賣與近地富人。自是有邊商內商之分。內地守支者謂之內商，各邊中引者謂之邊商。內商之鹽不能速獲，邊商之引，又不賤售，報中寖怠，存積之滯，遂與常股等矣。姦商中引鹽多以引目典當與人名爲『影支』或轉賣於有勢之人名爲『賣支』，又有以假引賣與商人冒頂眞引，以舊引賃人影射私鹽者，弊端百出不可究詰。成化間，李敏創『折銀』之例，易粟爲銀，不之邊而之部。弘治五年，葉淇爲戶部尙書，推行李敏之法，盡改本色爲『折色』。召商納銀，類皆大倉分給各邊。大倉收銀累至百餘萬，一時皆以爲利，而開中制度，由此再變矣。先是弘治二年，以商引壅積，無鹽支給，准許守支各商收買餘鹽，補充正引。由是正引而外，復有餘鹽。餘鹽者，乃鹽戶正課外所餘之鹽也。明初客商支鹽，例有定場，不得越場買補。買補之例，蓋自餘鹽始矣。餘鹽既行，鹽法寖壞。弘治末，勳戚內官奏討殘鹽。殘鹽者，謂以舊引而買餘鹽也。明制定例，常股四分以給各邊主兵及工役賑濟之需，存積六分，非國家大事，邊境有警，未嘗妄開。開必邊臣奏請，經部覆允，初無權倖擅請者。權倖擅請，始自成化，而甚於弘治。鹽法至是，益以大壞。正嘉間，復令商人報中，每正鹽一引，准帶餘鹽一引；後復令帶二引。餘鹽引目，倍於正額，餘鹽日增，正鹽日壅；商中之鹽，數年不得掣，或有將引目轉賣與人。姦黠者，藉引爲據，越場收買，交通鹽戶，私煮私販。私鹽由此盛，積引由此多。萬歷末，乃議疏通積引，改單立綱。編設綱册，分爲十綱，每年以一綱行積引，九綱行現引。依照窩數，按引派行。凡綱册有名者，據爲窩本；綱册無名者，不得加入。『引綱』之法，蓋始於此。而專商之弊，亦於此更甚矣。洎崇禎間，黃承昊條上鹽法，頗欲有所釐革；然時方用兵，軍餉困乏，不能行也。綜觀有明一代，二百七十餘年，循用引制，徵收商稅。成化以前，重在開中，而壞於存積；成化以後，改行折色，而壞於餘鹽。其間權要內宦，紊亂鹽法者，亦不可勝紀。迨其末季，時事危急，雖欲加以整理，然已無及矣。

清朝鹽法，循明之舊，加以損益。惟國基甫定，兵事未息，軍餉浩繁，半資鹽利。增課增引，種種加派，與明無異。順治初年，自定鹽法，以明末鹽款，逐年加增，深爲商厲，詔令額外加增，一律蠲免，祇照萬歷舊額，按引徵課。洎乾隆時，用度奢廣，加以南巡數次，蹕路所經，供應浩繁，差費取給，出自商捐者居多。淮商捐輸，動輒百萬；蘆東兩浙，亦各數十萬。國家因鹽商勇於報效，額加優恤，一則曰加價，再則曰加耗。欲藉之以資調劑，然『加價』徒以病民；蓋一加之後，不能復減，人人皆受其累也；『加耗』徒紊鹽法：蓋鹽商藉口加耗，捆載大包，任意多帶。夫夾帶多一斤，則正鹽壅一斤，夾帶日多，正鹽日壅，鹽法安得而不紊？說者謂前清鹽法，壞於乾隆一朝，誠非虛語也。道嘉年間，商困如故。於是倣雍正事例，權行變通，河東陝甘悉改歸地丁（註二）。雲南則就場徵稅。廣東則改綱歸所（註三）。河東則仍舊復商。山東則商運之外，輔以官運。惟兩淮引多課重，銷區較廣，受弊過深，積習難返。蓋當時兩淮專商，跳梁跋扈，壟斷鹽利，上侵國課，下削人民，政府人民，交受其困，而莫可如何。專商之橫，誠不可一世矣。考專商之弊，源於引窩，而引窩之弊，則源於綱鹽。蓋綱鹽行而始有窩本之例，窩本興而始有專商之弊也。綱法緣起，本屬明代一時權宜，詎清循明舊，招商認窩，著爲定制。凡商人所認引地，子孫承爲世業，由是有引窩者，得以佔據引岸，永遠行鹽，謂之引商。各商認引，皆有定額，註明綱册，報部立案，請引行鹽，必以窩單爲據，名曰根窩。如田產之印契，每年赴司呈根，由司查照册底，比對商名引數，塡給硃單，名曰年窩。按引納費，名曰窩價。其初各商類係自運，其後有窩之家，不必行鹽，輒將年窩硃單，售賣與人，或將根窩租典與人，輾轉私售，爲操市劵，率以一紙虛根，坐得窩價。辦運各商，必向有窩者出價買單；故有根窩者爲窩商，現行鹽者爲運商。窩自窩，運自運，一單之費，倍蓗正課，居奇昂價，各營其私。夫單價旣昂，則運商必須高抬鹽價，以資挹注。如是則食鹽價貴，貧民類多淡食，引窩流弊，至此極矣，無以復加矣。道光初年，陶澍總督兩江，疾專商之弊，疏請將淮北改行「票鹽」任聽商販赴局繳課，領票買鹽，運銷各地。厥後陸建瀛踵行於淮南，遂變引商爲票商，革除專商，廢除引商之弊。夫行鹽用引，與行鹽用票同爲一種運護執照，論其性質本無甚區別，惟引商銷鹽有定岸，票商則在銷界以內，無論何縣，悉聽轉販流通，並無專岸。引商根據根窩『每年赴司呈根，繳納根窩，由司查照底册，比照商名引數』給以運送執照，無根窩者，不能領照。而票商則凡赴局繳課者，皆得領票買鹽，無需若何之根據，其區別唯此而已。自是而後，論鹽法者，咸以改引行票爲救弊之良策，票法稱善於一時。咸豐初年，戶部至疏請將各省鹽務做照兩淮，通行改票。斯事體大，雖未實行，然河東兩浙及福建，則皆相繼改行票運矣。鹽法至此，殆又一變。後値太平天國之亂，長江梗阻，鹽運不通，票販星散，幾於片引不行。同治三年，金陵克復，江路肅清，兩江總督曾國藩改定票章，聚散爲整。凡行鄂湘江西者，以五百引起票，名曰大票；行安徽者，以一百二十引起票，名曰小票。並於各岸設立督銷局焉。同治五年，署兩江總督李鴻章，以銷鹽暢旺，行票不能遍給商諸曾國藩，於票法之中，參以綱法，定爲循環轉運，卽就原有票販，接認後運，不願者稟退，違規者扣除，按照引綱，年年遞運，永遠循環，作爲世業，毋庸另招新販。由是票本之說，無異窩本，票商專利，亦同引商。其後馬新貽踵行於淮北（同治六年），楊昌濬更行於浙江（同治八年），鹽法至此又一變矣。票鹽初章定一年一運，環運既興，票法已壞，迄光緒間，更令兩淮認捐常年票本，遂致票商據票本之說，專鹽票之利，子孫相承，亦同世業，輒將票張轉相售賣，或行賃運。以視從前根窩，毫無差異。故雖曰寓票於綱，實則規復引制，廢引改票之良法，至是已根本蕩然無存，而專商之弊，亦至於今而未有已也。

綜觀清代鹽法，皆因循敷衍，二百六十餘年間，拘守成例，專商積弊，迄未能革，而各省鹽務，又復紛如亂絲，迨宣統年間，圖加清理，然已無及矣。

註一：食鹽法雖頗可抵制私鹽，然按戶派散，不免抑配，追呼誅求，民不堪命，往往逃徙，此食鹽法之弊也，故亦一律罷免。

註二：將某地方所能收得之鹽稅數目，預先推定，然後按該地方人口之數平均分配之，此種鹽稅與地丁併徵，謂之歸入地丁，又曰歸丁。此制之害處，可以兩語概括之，即『民間納無鹽之課，豪商賣無課之鹽』是已。

註三：嘉慶十七年，裁去總商，並將省局改爲公所，配運繳課，責成櫃商，官不與聞，謂之改綱歸所。

第六章　民國之鹽政

第一節　民國鹽政之興革

民國肇興，承前清之弊，鹽法紊亂，莫可名狀。民國二年四月，善後借款成立，以鹽稅爲擔保，因合同關係，須改良鹽稅徵收法，並聘請洋員以襄助辦理，其結果卒使我國鹽政之面目爲之一新（註一）。同年政府聘請在印度十有餘年辦理鹽政著有成效之丁恩（Sir Richard Dane）爲鹽政顧問，以興革一切（註二）。先發布鹽稅條例，以圖劃一稅制，整理徵稅手續，繼復公布製鹽特許條例，以期取締鹽戶。又復制定鹽務署官制章程，鹽務署稽核總所章程，鹽務署稽核分所章程及鹽務署顧問辦事章程，以整頓鹽務機關。而於另一方面則公布私鹽治罪法，緝私條例及緝私官辦事獎勵懲戒條例，以厲行禁壓私鹽。後復從丁恩之說，漸次廢官運爲商運。長蘆鹽區之七十餘縣，山東鹽區之五十餘縣，山西，兩淮，兩廣，雲南等鹽區之官運，皆於民國二三四年，次第停止，改爲商運，且許設立運鹽公司，使當搬運之任。彼時尚未改爲商辦者，僅陝西省渭水以北各縣，安徽之滁，來安，全椒三縣，雲南之龍騰，文山等縣而已。

又以鹽商持以運鹽之許可證，弊害叢生，因於民國三年發布鹽運執照規程，規定執照由鹽務署印刷，發交各鹽運使，凡鹽之斤量及地方之遠近，皆一一記入，再交付鹽商運送，終了時，復由鹽商繳還鹽運使，由鹽運使於報告鹽稅時，彙送鹽務署，藉以核明運送數量。

又於民國三年由鹽務署通令各省廢除『加耗』之例（註三）。且將包裝重量，確實規定，依各地方習慣，規定每包之淨鹽若干斤，包皮若干斤，以期杜絕隨意綑載及盜斤之弊。

復次，以鹽商專利壟斷，視引岸若采地，等引界如國防，因開放引地，以杜流弊。遂於民國三年一月將從來銷淮鹽之汝光十四縣（河南），皖北十四縣，許商人於長蘆西壩（淮鹽之集散地）就近購買；又原用潞鹽（山西池鹽）之鞏柳孟津等八縣（河南），原用山東鹽之商邱虞城等九縣（河南）及安徽之宿渦陽二縣，山西鹽區之安邑霍等四縣，山西之舊省平定州遼州管內七縣，榆次陽曲二縣，及長蘆鹽區中官運之已歸商運各縣，盡行開放，使自由營業。廣東之八埠，原亦歸諸商人包運，民國四年，亦許其自由運銷矣。後馮國璋任總統時，以大總統令承認鹽務一切政令，繼續前清有效。於是宋元以來『產鹽有定場，銷鹽有定地，運鹽有定商』之引票制，因以復興矣。總計全國產鹽區域凡十有一，此十一鹽區所產之鹽，例由專商運輸於某一定之銷域內，不得稍有踰越。（一）長蘆鹽場所產之鹽，限銷於直隸大興等一百四十一縣，及河南開封等四十六縣；（二）東三省鹽場所產之鹽，銷於奉吉黑三省及邊門附近之蒙古各地；（三）山東鹽場所產，銷於山東歷城等九十五縣，江蘇銅山等五縣，安徽宿縣等兩縣，及河南商邱等九縣；（四）河東鹽場所產，銷於山西長治等四十五縣，河南伊陽等三十二縣，及陝西長安等三十五縣；（五）兩淮鹽場所產，銷於湖北武昌等三十一縣，湖南長沙等五十九縣，江西南昌等五十七縣，安徽懷寧等二十八縣，江蘇江寧等九縣；（以上為淮南鹽）及安徽鳳陽等十八縣；（六）福建鹽場所產，銷於福建本省五十四縣及浙江溫屬廣東潮屬等處；（七）兩浙鹽場所產，銷於浙江本省安徽歙縣等八縣，江西上饒等七縣，及江蘇蘇松常鎮太五屬；（八）四川鹽場所產，銷於四川本省及湖北恩施等三十八縣，雲南昭通等七縣，貴州貴陽等五十八縣及湖南六縣；（九）兩廣鹽場所產，銷於廣東南海等八十縣，廣西懷集七十五縣，湖南郴縣等十一縣，江西贛縣等十七縣，福建長汀等八縣，及貴州荔波等十縣；（十）雲南鹽場所產，銷於本省昆明等八十七縣及貴州盤縣等四縣；（十一）陝甘鹽場所產，銷於陝西膚施等五十四縣，及甘肅平涼等二十五縣。劃區行鹽，不能侵銷；若越場運銷，是爲鄰私，甚至格殺勿論焉。

上述各種興革既行，而民國鹽政已上軌道，以視清末鹽政，殆判若天淵矣。

*　　*　　*　　*

第二節　民國之鹽政機關

民國之鹽政機關，大別之，可分爲三種，即鹽務行政機關，鹽稅徵收機關及鹽務顧問機關是也。

（一）鹽務行政機關——鹽務行政機關之最重要者爲鹽務署，該署爲監督全國鹽政之最高機關。置督辦及署長各一人，督辦由財政總長兼任，爲監理鹽務之最高長官；署長通例由財政次長兼任，掌理全國一切鹽務。此外復設一洋顧問，由稽核總所洋會辦兼任（註三）。國民政府成立後，鹽務署隸財政部，設署長一人，不復置督辦。全國產鹽地（共十一所）各置鹽運司（其長爲鹽運使）以管理鹽務行政事務，且承鹽務署之旨，以指揮監督所屬鹽務官吏，及統轄緝私營隊，與行政區域內之各縣知事協力以當取締私鹽之任。又於產鹽區域過於廣大之地（此類區域全國共四所，）特設運副，以補助鹽運使。蒙古則另設蒙鹽局。鹽運使及運副之下，置總場長（全國二名）場知事（全國一百二十七人）使管轄各該產鹽地。此外，復有所謂榷運局，乃由前清時代之督銷委員會所改成者。設於運鹽要衝之地，掌理官運配給等事務，且督率營長，以執行緝私職務。若在尚未設立稽核所之地，則榷運局更有掌管徵稅事務之權。榷運局或各收稅局因地而異其名。全國共有九所。據最近調查，上述各機關之名稱及所在地略如下表：

各省鹽務行政機關並其所在地表（註四）

（甲）鹽運使

官廳名	所在地	官廳名	所在地
長蘆	天津（河北）	山東	濟南（山東）
東三省	營口（遼寧）	兩淮	板浦（江蘇）
兩浙	杭州（浙江）	福建	福州（福建）

兩廣　廣州（廣東）——雲南　雲南（雲南）
河東　運城（山西）——四川　自流井（四川）
（乙）運副
淮北　板浦（江蘇）——潮梅　汕頭（廣東）
松江　上海（江蘇）——川北　射蓬（四川）
（丙）榷運局
鄂岸　漢口（湖北）——湘岸　長沙（湖南）
皖岸　大通（安徽）——西岸　南昌（江西）
沙市　沙市（湖北）——宜昌　宜昌（湖北）
花定　花定（陝西）——晉北　太原（山西）
吉黑　長春（吉林）——

（二）鹽稅徵收機關——徵收鹽稅之中央機關曰稽核所，該所設於鹽務署內，以中國總辦及洋會辦各一名爲主幹。總辦由鹽務署署長兼任，會辦則兼顧問之職，若會辦因故離任，則由副會辦代行會辦及顧問之職務。引票之發給，及收支統計報告書類之編纂，由總會辦監理，地方分所經理協理之任免，及總所分所之經費，由總會辦會同決定。一切鹽稅收入，須兩者共同簽字，始得提用。若兩者之意見不一致時，由財政總長裁決之。稽核分所置於產鹽地方（全國共十三所）以中國經理一名及洋協理一名爲主幹。經理協理受總所之總會辦指揮監督，對於引票之發給，及納稅後鹽之搬運，會同監理，選任各地之收稅官，及徵收分所所在地之一切鹽稅鹽課。而各產鹽地地方之鹽稅收入，由經協理存入借款團銀行，或借款團所指定之存款管理處，同時將所存入之數目，報告稽核總所。又，關於鹽稅之一切收支，亦須報告該地之鹽運使及總所。若分所與該地方之鹽運司對於權限，職務，責任等發生爭執，則由鹽務署及總會辦經財政總長之裁定以行決定。稽核分所附設於榷運局，置中國及外國稽核員各一人，於未設置稽核分所之地，則由榷運局局長掌理徵稅事務，而以外國或中國之助理員補助之。稽核員須將鹽稅之收支報告稽核總所，且對於榷運局及其所屬機關之支出，有監督之權（註五）。今將稽核分所及稽核所之名稱所在地，及協理與稽核員之國籍表列於左：

鹽務稽核所所在地及洋員國籍表（註六）

（甲）稽核分所

所名	所在地	外人國籍
奉天	營口	日本
長蘆	天津	日本
揚州	揚州	日本
兩浙	杭州	日本
廣東	廣州	法國
平南櫃	北海	—
川南	自流井	英國
雲南	雲南	法國

所名	所在地	外人國籍
山東	濟南	英國
淮北	海州	英國
松江	上海	法國
福建	福州	意大利
潮梅	汕頭	—
河東	運城	日本
川北	三臺	英國

（乙）稽核所

湘岸	長沙	美國	鄂岸	漢口	比利時
西岸	南昌	英國	皖岸	大通	英國
宜昌	宜昌	——	沙市	沙市	——
花定	花定	——	吉黑	長春	英國
晉北	太原	——	口北	張家口	——

鹽務稽核所之設立，乃根據善後借款合同第五條（註七）而來，其最大目的，爲監督鹽稅收入，代債權人（匯豐匯理德華正金四銀行）保障債權。蓋善後借款，以鹽稅爲擔保品也。後外人知鹽款不若關款之可靠，擬約（註八）改入關餘擔保。於是自民國十一年起，該借款之本利，即改歸海關撥付，實行至今，已歷五載。是自民國十一年起，善後借款之本利，已與鹽款脫離關係矣。然則鹽務稽核所應早日撤廢，而不應容其依舊監督我財政，操縱我金融，干涉我鹽政。蓋合同第五條末節明載：『此項借款，如本利按期交付，則不得干預以上所詳鹽政事宜。』夫由鹽稅項下，按期撥款將本利交淸，則尚不許其干預鹽政，況該借款已與鹽款脫離關係已久，又豈宜長此令稽核所干涉鹽政，歲縻三百七十餘

萬之鉅款？故目下輿論界咸主張將稽核所撤廢，以收回主權焉。

（三）鹽務顧問機關——鹽務署顧問，爲我國鹽務之顧問機關，此職例由稽核總所之會辦兼任。其職務爲對於鹽務上各重要事項備鹽務署長之諮詢，以定鹽務興革之方針。故於整頓鹽政，及關於鹽稅暨運銷各處鹽觔辦法，或訂定合同及發布重要命令時，署長須與鹽務署顧問先行商議，然後實行。下列三事尤須事先與顧問商榷：（甲）運銷各省各屬鹽觔之辦法，並該辦法需要之改良。（乙）鹽稅鹽課及關於鹽務各項收款之收入及儲存於中國政府鹽務收入帳之辦法，並與此有相關之支款。（丙）凡爲政府購鹽，儲鹽，運鹽，賣鹽之辦法，並司此職務之官員與按照借款合同所任用之總會辦，及各分所經理二者彼此有關係之事（註九）。

第三節　鹽稅之稅則

我國鹽稅之率，省與省不同，縣與縣互異。雖壤地相接，而輕重懸殊，有百斤稅率重至五元者，有百斤而稅不及一元者，畸輕畸重，相差若是，殊背公平之原則。商人重利，故避重就輕，相率爲私，乃事之必至者也。苟吾國鹽法，能厲行整頓，均一稅率，則種種弊端，悉可免除，而鹽稅之收入亦斷不止現收之數，稅則之改良，誠爲我國今日鹽務之要着。民國二年，財政當局有鑑於此，曾銳意改良，擬具說帖，呈准頒布鹽稅條例，民國七年，復經一度之修正，定爲『每鹽百斤，課稅三元，』但新疆蒙古青海西藏之鹽，及工業漁業用鹽，不在此限。是項稅則，雖經公布，各省鹽稅之徵收，雖稍有統一之象，鹽務行政，較之從前，不無進步，鹽稅收入，亦雖稍有增加；無如鹽務積弊過深，舊時之則例，相習成風，於短期間內改革之，頗不易易。故當新稅則頒布之時，各鹽區間多以狃於舊習，堅持反對，故未能完全施行。各鹽區間均各有其所規定之稅則，以爲徵稅之標準。茲錄各省鹽區間稅則調查表於下，以示我國鹽稅稅則之紊亂情形焉：

各省鹽區稅則表（註十）

區別	岸別	每百斤稅則
長	冀豫兩岸	二·七五元
	汝光十四縣	三·〇〇

蘆	永平七屬		二·五〇
東三省			二·〇〇
山東			二·五〇
	民運民銷十四縣		〇·四〇
	淮東並銷六縣		一·二五
河東			二·五〇
兩	鄂湘西皖四岸		三·〇〇兩
	建昌五縣		二·〇〇
	滁來全		二·〇〇
	皖北十九縣		三·〇〇元
	汝光十四縣		三·〇〇

淮	江寧七食岸		一·五〇
	通如皋寶興平興泰八縣		一·〇〇
	鹽阜東		〇·七五
	江都		一·五〇
	天長		一·七五
	淮滁六食岸		一·五〇
	近場五縣之東海灌雲贛榆		〇·二〇
	近場五縣之沭陽		〇·八〇
	近場五縣之漣水		〇·六〇
兩	浙東西綱地 浙西引地之吳縣無錫常熟吳江		二·五〇

浙	浙西引地蘇松常鎮太		
	浙東引地之杭縣餘姚崇德海寧海鹽平湖餘杭上虞嵊縣新昌		二·〇〇
	紹興蕭山		一·五〇
	鄞慈奉鎮象		一·〇〇
	台屬並永康武義縉雲		二角至七角共有六等
	温處二府屬	鄣食鹽	八角六分六 二角六至五角二
	浙西引地之上南川寶山之結一結九		一·〇〇
福建			一·〇〇
四	濟楚公司楚岸富榮廠	花鹽	兩〇·六二五

綦邊公司邊岸富榮廠	巴鹽	一·八一二五
計岸富榮廠	巴鹽	一·六二五
仁邊公司邊岸富榮廠		一·八二五
計岸富榮廠	巴鹽	一·六二五
涪邊公司邊岸富榮廠	巴鹽	一·八一二五
邊岸犍廠	巴鹽	一·五六二五
計岸富榮廠	巴鹽	一·六二五
計岸犍廠	巴鹽	一·三七五
永邊公司邊岸犍廠	巴鹽	一·五六二五
邊岸犍廠	巴鹽	一·六二五
計岸犍廠	巴鹽	一·三七五

滇邊公司計岸犍廠	巴鹽	一·五六二五
計岸犍廠	巴鹽	一·三七五
瀘南公司計岸富榮廠	花 巴鹽	一·五 一·六二五
計岸下五擋廠	巴鹽	一·三一二五
涪萬公司計岸富榮廠	花 巴鹽	一·五 一·六二五
渠河公司計岸富榮廠	花鹽	一·五
納萬公司計岸犍廠	巴鹽	一·三七五
府河公司計岸樂廠	巴鹽	一·三七五
南河公司計岸樂廠	巴鹽	一·三七五
雅河公司計岸樂廠	巴鹽	一·三七五
江涪公司計岸射廠	巴鹽	一·三五

川	渠河公司計岸射廠	巴鹽	一・一
	成華公司計岸簡廠	巴鹽	一・一八七五
	萬楚公司計岸雲廠	花鹽	○・九四
	巫楚公司計岸寧廠	花鹽	○・九四
廣西			二・五○元
雲南		內岸 邊岸	二元八至四元七 二・○六四
備考	上表所列各區稅則均係四年規定者合併聲明		

上表所列，乃課鹽正稅之稅則，吾人已覺其紊亂；至於各省軍事當局所擅加之鹽斤附加稅，其稅率之淩亂，更有甚於此者，蓋此種附加稅之稅率，純依軍閥之喜怒或軍費之緩急而定者也。查鹽斤附加稅之徵收，肇端於民國八年以後。蓋當時中原板蕩，各省媾兵，軍用浩繁，費無從出，各省截留鹽稅之不足，遂更相繼擅抽鹽斤附加稅。川湘倡始於前，贛鄂仿行於後，蘇浙各省，亦相繼效尤，或曰

工捐，或曰善後捐，或曰食戶捐，或曰軍事協餉，或曰販商報效費……雖名目不同，稅率各異，然其爲鹽稅之附加稅則一。此種附加稅，現時幾遍於全國，而尤以四川省爲甚。僅就該省一省而論，鹽斤附加稅，共有二十六種之多，且每種之稅率，復彼此互異；其餘如湘鄂贛蘇浙魯……各省，亦莫不各有鹽斤附加稅。今將各省鹽稅附加稅目（西南各省鹽斤附加稅不在內，因無從調查也）及四川各地方鹽斤附加稅目表列於下，一以示各該省長官罔利害民果至若何程度，一以示吾哀苦無告之同胞其負荷果若何煩重也：

各省鹽稅附加稅目表

省別	附加稅名稱	稅率	每年附加稅總收額	備考
湖	淮鹽			
	軍費附加稅		一、二四一、二三〇元	
	新加軍費附加稅		一、三八〇、〇〇〇	
	軍事口捐		六一一、七〇〇	

江西		鹽斤加價	每擔七角		江西省鹽斤附加稅名目甚多每百斤共約徵七元有奇
		提成報效			
湖北		川淮鹽斤脚力費			
		販商報效費			
		鹽斤加價	每石一元五角	一、九〇〇、〇〇〇	
湖南	精鹽	新加軍事口捐		一五、七〇五	各項每年附加稅收入總額均據張財政司長十四年度預算數
		軍費附加稅		三四、〇六五	
	川鹽	軍事口捐		一八、〇二一	
		軍費附加稅		三四、四一六	
	粵鹽	軍事口捐		二三、五九七	
		軍費附加稅		一八、八七七	

省別	名目	加價數	數額	備考
江蘇	淮商鹽斤加價		一、二〇〇、〇〇〇	每年正稅及附加稅共有六百七十萬
	鹽稅協餉		一、二〇〇、〇〇〇	
	鹽斤加價	每斤二釐		
	食戶加價		一、〇〇〇、〇〇〇	
浙江	鹽斤加價		五〇〇、〇〇〇	先後共加二次
	鹽斤加價	每百斤七角五分		
山東	食戶捐			
	工捐			
	鹽斤加價	每包三元五角		
河南	鹽斤加價	每包五元		
安	鹽斤加價	每擔一元		淮鹽售價本已七元

徽	精鹽特別捐	每百斤三元		五角上列加價尚不在內
福	善後捐	每擔二元		鹽斤每擔現售五元四角而成本僅須七角其餘四元七角爲附加稅之數
建	附徵稅	每擔五角		
河	產地捐			
北	鹽斤加價	每斤二釐		
陝西	保運費			
甘	鹽斤加價			
肅	附加稅			

四川各地方鹽斤附加稅目表

附稅名稱	抽收地方	抽收數目	何人抽收
公益捐	自流井重慶	每載五百元	井渝舊商事務所

護商費	重慶	無分花巴鹽每載由渝至長二百元至涪三百元至忠四百元至萬五百元至夔六百五十元	川鹽護送處
江防費	同上	每載抽洋六十元	江防軍費處
護商費	同上	每載抽洋六十四元八角	渝北護商處
同上	同上	每載抽洋四十三元二角	同上
峽防費	江北悅來場	每載抽洋四十八元	峽防收費處
同上	巴縣北橋場	每載抽洋十二元	峽防司令
驗票費	江北土沱場	每載抽洋五元	峽防收費處
峽防費	江合交界草蓋子場	每載抽洋十二元	江巴壁合峽防處
消磨金	重慶	花鹽每載收洋二十六元巴鹽每載收洋四十八元	重慶鹽幫公所
籌墊軍餉捐	西陽縣屬之龔灘	每包抽洋一元	黔軍第二師

小河護商費	涪陵北門外	每包抽洋一元	川滇川黔兩督辦會銜委員抽收
大河護商費	同上	每包進口抽洋四角出口抽洋五角	同上
羊角磧護商費	涪陵縣屬之羊角磧	每包抽洋一元	同上
臨時公益捐	忠縣南門外河邊	每包抽洋二角	四川善後督辦
同上	酆都縣城外	每包抽洋五角	同上
奉節籌餉辦事局	奉節縣城	每包抽洋二角	鄂西援川軍總指揮
船捐費	納谿西門外船捐局	每引抽錢三釧	船捐局
護送費	納谿大碼頭	每引抽洋三十元	敍永軍商護送處
脚力捐	大寧場	引鹽每引抽錢一千二百文票鹽每七十斤抽錢五文	巫區縣第六區保衞團
護商費	球溪河三江口	每一百觔抽洋一角,	四川邊防軍賴心輝
同上	白蠟園白石關馬市口涼水井	每挑抽錢二百文	黔江縣署

樂捐	彭水走馬嶺香樹堡	每挑抽錢百五十文	彭水縣團保
團捐	城口縣地方稅收支所	每擔鹽捐四百一十文	城口縣地方稅收支所
團防經費	宣漢縣下東區團防局	每擔鹽捐一百八十文	宣漢縣下東區團防局
學捐	宣漢縣所屬碑月溪漆三場	每擔捐一百二十文	宣漢縣萃英高等小學

第四節　鹽稅收入之概況

如上所言，我國稅法之最紊亂者，誠莫鹽政若矣。清之季世，各省雖有鹽務專官，徵收鹽稅。但以官商交相結託，朋比爲奸，弊害叢生；故中央鹽稅之收入未嘗逾一千三百萬元。及光緒季年，與宣統之世，中央籌議改良鹽政，革除積弊，擬劃一全國鹽稅稅率，乃改革未成，而革命遂起。鼎革以還，以鹽稅爲收入大宗，亟謀稅率之劃一，以爲整頓之先步。於民國二年，頒布鹽稅規則，規定鹽稅稅率爲每百斤徵二元五角。惟以各省稅率相去甚遠，一時難以實行於全國。乃劃定區域，以備漸次推行。民國七年，修改鹽稅條例，每百斤改徵三元，然亦不能如預定計劃實行。惟鹽稅收入，自此以後，逐年頗有增加，復以善後借款合同之關係，更設立鹽務稽核所，聘用洋員，以事徵收。逐年收入，益見增加。至民國十四年鹽稅實收總額，已達九千八百九十九萬元，較之清季相去七倍。卽較之民國三年，亦幾增三分之一。近十年來，平均每年約增加三百餘萬元，其增加之速度，實可驚人。若能更事改良，劃一稅制，撤去駢枝機關，撙節費用，廢除中飽，則鹽稅收入之增加，其數目當必更大，此可斷言者也。茲將民國三年至民國十四年鹽稅實收總表錄後，以示每年增加之度果爲何若：

年別	收入數目（單位元）
民國三年	六九・四九四・九一五
民國四年	七七・七二九・六七六
民國五年	八〇・三一六・七三五
民國六年	八一・二一三・五一七
民國七年	八九・八三一・一〇八

民國八年	九〇·二三七·九一八
民國九年	八九·二四七·五三七
民國十年	九四·二八〇·五二三
民國十一年	九六·七七九·九四七
民國十二年	九四·六五四·〇〇〇
民國十三年	九八·五一三·二六四
民國十四年	九八·九九五·〇〇〇

第五節　鹽餘與北京政府

北京政府之重要收入爲：關稅，五十里內常關稅，內地常關稅，煙酒稅，印花稅，崇文門稅，田賦，鹽金，及交通部之收入數種。其中關稅及五十里常關之收入，悉充內外債之擔保及償還之用。內地常關收入，又爲各省任意截留，其中央實在收入，爲數甚少。至煙酒稅與印花稅兩項，中央之實在收入，倘不及其預定額數十分之一，爲數無幾。崇文門稅，僅可作中央經費之一部或爲借款之擔保。而田賦及釐金則現在幾全入地方財政之範圍，中央久已不能過問。此外，屬於特別會計之交通部收入，近年雖大爲增加，然其支出亦鉅，至收支不能相抵，故對於中央財政，亦不能加以援助。故當時號稱全國中樞之北京政府，除舉債外，實無其他大宗收入。有之，則惟鹽餘一項而已。而可爲中央舉債之擔保或抵押品者，亦惟此鹽餘一項而已。北京政府近年之所以能苟延殘喘於一時者，端賴此鹽餘以支持之耳。故鹽餘與北京政府事實上之關係，實處於無上重要之地位。查民國三年外人放還之鹽餘爲三一·三〇四·八一八元，四年所放還者爲二七·五二三·〇六六元，七年爲七一·六七一·〇〇〇元，八年爲七五·一八三·〇〇〇元，九年爲六四·〇二〇·〇〇〇元，十年爲七〇·四七四·〇〇〇元，十三年爲六四·七〇〇·〇〇〇元，十四年爲六五·九六五·〇〇〇元。此項鹽餘，爲數頗鉅，故北京政府倘可藉之以苟延其風燭殘年。不幸從民國七年起，廣東，四川，雲南，湖北，湖南，江西，福建，江蘇，浙江，安徽，山東，及東三省相繼將鹽餘截留。計民國七年廣東四川雲南所截留之鹽餘爲一五〇〇〇〇〇〇元，八年各省截留之數爲二六〇〇〇〇〇〇元，九年爲二四〇〇〇〇〇〇元，十年爲一八〇〇〇〇〇〇元，十三年爲三三四六六〇〇〇元，十四年爲三三〇三〇〇〇〇〇元（註十二）。北京政府因此遂陷於朝不保暮窮苦無告之悲運矣。茲將民國三年至十四年放還之鹽餘及各省截留之數目表列於後，以資參考（元單位）：

年份	放還鹽餘之數	各省截留之數	備考
民國三年	三一三〇四八一八	—	
民國四年	二七五二三〇六六	—	
民國五年	—	—	是年袁氏復辟蔡鍔討袁從三月起盡將雲南鹽稅收入截留
民國六年	—	—	
民國七年	七一六七一〇〇〇	一五〇〇〇〇〇〇	廣東四川雲南三省於是年起截留鹽餘
民國八年	七五一八三〇〇〇	二六〇〇〇〇〇〇	
民國九年	六四〇二〇〇〇〇	二四〇〇〇〇〇〇	

民國十年	七〇四七四〇〇〇	一八〇〇〇〇〇〇	
民國十一年	—	—	
民國十二年	—	—	
民國十三年	六四七〇〇〇〇〇	三三四六六〇〇〇	除川滇粵外湘贛閩蘇浙皖及東三省亦均於是年截留鹽餘
民國十四年	六五九六五〇〇〇	三三〇三〇〇〇〇	除上述各省外山東山西湖北亦於是年截留鹽餘

註一：善後借款合同成立之後，我國鹽政雖有所刷新，然其所得曾不足以償其所失。蓋自此合同訂立以後，我國之鹽稅行政權遂操諸客卿之手，其喪失國家之主權，與關稅相若，而遺害之甚抑且過之。蓋因此合同之束縛，使我國鹽稅行政，不能爲自由之處置：凡職員之委任，引票之發給，稅款之徵收，鹽運之放行，鹽款之存儲與提用，均非經洋會辦之會同簽字，不生效力。甚至鹽餘之放還，輒多掣肘，而鹽餘款項之留放，一任其意之好惡而定，財政長官，亦無如彼輩何。主權喪失，太阿倒持，眞堪浩嘆！

註二：丁恩於一九一八年退職，由甘博（Sir Reginald Gamble）繼任。氏於一九二二年病歿，由韋爾頓（Sir

Ernest C. C. Wilton）於一九二三年二月九日繼任。一九二六年退職，由斐利克（Frederick Hussey-Freke）繼任，氏現仍在職。

註三：參閱鹽務署官制章程及善後借款合同第五條。

註四：見東京經濟研究會所出版之支那經濟通說第七〇四——五兩頁。

註五：參閱鹽務署稽核總所章程，鹽務署稽核分所章程及善後借款合同第五條。

註六：見支那經濟通說第七〇六——七頁。

註七：善後借款合同第五條云：『中國政府承認即將指定爲此項借款擔保之中國鹽稅徵收辦法整頓改良，並用洋員，以資襄助。至如何辦法，已由財政部定奪，』即如下節所言：

『中國政府在北京設立鹽務署，由財政總長管轄。鹽務署內設立稽核總所，由中國總辦一員，洋會辦一員主管所有發給引票，彙編各項收入之報告及表册各事，均由該總會辦專任監理。又在各產鹽地方設立稽核分所，設經理華員一人，協理洋員一人（按此二員之等級職權均相平等即英文所稱之華洋所長是也。）該二員會同擔負徵收存儲鹽務收入之責任。華洋經協理及稽核總所並各稽核分所必需之華洋人員，其聘任免任，由華洋總會辦會同定奪，由財政總長核准。各該華洋經協理須會同監理引票之發給，及徵收各項費用及鹽稅，並將收支各事詳細報告該地方鹽運司及北京稽核總所，由稽核總所呈報財政總長後，分期將報告頒布。」

「各產鹽地方鹽觔納稅後，須有該處華洋經協理會同簽字，方准將鹽放行。所有徵收之款項，應存於銀行，或銀行認可之存款處，歸入中國政府鹽務收入帳內，並應報告稽核總所，以備與稽核總所所存之表册核對。以上所言鹽務進款帳內之款，非有總會辦會同簽字之憑據，則不能提用。該總會辦有保護鹽稅擔保之各債先後次序之責任。」

「此項借款，如本利按期交付，則不得干預以上所詳鹽政事宜。倘利或(及)本屆期拖欠逾展緩近情之日期後，則應將該鹽政事宜即歸入海關，並由海關管理所保擔之收入，以保執票人之利益。」

證八：善後借款合同第四條末段云：「倘若將來海關每年所收款項，除已經指定作爲擔保從前債務，或以後因修改海關稅則而裁去釐金，凡現存合同指定他項債務歸關稅擔保者，除應付各款項外，若仍有餘款，即默認並商訂該餘款儘先作爲本借款之擔保，用以償還本息。因此而鹽務收入所有盈餘之款，應如數撥歸中國政府辦理他項事宜。」

註九：參閱鹽務署顧問辦事章程。

註十：見第一回中國年鑑。

註十一：參閱 The China Year Book.

*　　*　　*　　*

除上文各節所標舉各種參考書之外，本書對於下列各書，亦有所參考，謹此聲明：

文獻通考續文獻通考征榷考中之鹽鐵考。

舊唐書食貨志。

新唐書食貨志。

宋史食貨志。

元史食貨志。

明史食貨志。

銀行月刊及銀行週報關於鹽稅之論文。

中國財政史（賈士毅著。）

Readings in Economics for China (Remer 著。)

鹽政辭典（林振翰著。）